Noch'n Gericht ...

Rezepte und Zitate aus den Filmen mit Heinz Erhardt

Pascal Lustigmann

Weingarten

In dieser Reihe ebenfalls erschienen:
Das CASABLANCA Kochbuch
Das VOM WINDE VERWEHT Kochbuch
Das LA DOLCE VITA Kochbuch
Das DOKTOR SCHIWAGO Kochbuch
Das HITCHCOCK Krimi-Kochbuch
Das WOODY ALLEN Kochbuch
Das JAMES DEAN Kochbuch

Die Deutsche Bibliothek – CIP-Einheitsaufnahme

Pascal Lustigmann
Noch'n Gericht…: Rezepte und Zitate aus den Filmen mit Heinz Erhardt/
Pascal Lustigmann. – Weingarten: Weingarten, 1996
ISBN 3-8170-0029-4

Für die freundliche Genehmigung zum Abdruck der Fotos aus Filmen mit
Heinz Erhardt dankt der Verlag dem Deutschen Institut für Filmkunde
(DIF), Frankfurt/Main.

© 1996 by Kunstverlag Weingarten GmbH, Weingarten
Satz: Riedmayer GmbH, Weingarten
Reproduktion: repro-team gmbh, Weingarten
Gesamtherstellung: Sebald Sachsendruck, Plauen
Printed in Germany
ISBN 3-8170-0029-4

Inhalt

3

4

Der große Komödiant, wie er leibte und lebte

Sein Filmdebüt gab Heinz Erhardt im Jahr 1949 mit einer Nebenrolle in „Gesucht wird Majora". In seinen folgenden, fast vierzig großen Rollen zwischen 1955 und 1971 verkörperte der Kabarettist, Schauspieler und Komiker immer denselben, erfolgreichen Typen: den listigen Schelm, der, obwohl er Otto Normalverbraucher ist, mit kauzigem Humor aus der biedermännischen Rolle fällt.

Schon von der äußeren Erscheinung her galt der rundliche Erhardt als sinnenfroher Komiker, der dem Essen und Trinken zugetan war. Und so zirkulierten etliche Anekdoten über ihn, die ihn als Gourmand aber auch als Gourmet charakterisierten. Bei Dreharbeiten nahm er oft viel größeren Aufwand als die Kollegen in Kauf, um genau das zu essen und zu trinken, was ihm schmeckte. In Erhardts Filmen ging es deshalb oft – wenn er das Drehbuch beeinflussen konnte – um Küche und Keller, Wein, Weib und Rezepte.

Dieses Kochbuch zitiert aus den Filmen, es werden originelle Rezepte vorgestellt und im Dialog belegt wie *Mazedonischer Hase in albanischer Pfeffersoße* (aus: „Unser Willi ist der Beste") und *Martini flüssig* (aus: „Die Post geht ab"). Es gibt natürlich auch seriöse Rezepte und leckere Gerichte wie: *Pastetchen mit Hummerschwänzen* (aus: „Vater, Mutter und 9 Kinder") oder *Omelett mit Rum* (aus: „Drei Mann in einem Boot"). Diese Rezepte sind für Hobbyköche – vielleicht anläßlich einer Heinz-Erhardt-Party – zum Nachkochen bestens geeignet.

Fotos aus seinen Filmen und Quizfragen runden dieses amüsante Kochbuch ab. Essen und Trinken mit Heinz Erhardt – ein Spaß, der auch noch schmeckt!

Auflauf à la Heinz Erhardt

„Ich hab' mal einen Auflauf gemacht. Ich nahm drei Liter Milch und einen Matjeshering. Alles feingehackt und dann habe ich etwas Vanille-pulver genommen und eine Prise Ameisensäure, das Ganze habe ich drei Stunden lang gerührt und einmal aufwallen lassen. Und dann habe ich es aus dem Fenster geschüttet – da hatte ich den schönsten Auflauf."
(aus „Eine gewisse Marietta")

Die Post geht ab

Heinz Erhardt als Walter Eberhardt. Er ist mit zwei Freunden auf einer Spritztour nach Jugoslawien. Im sonnigen Süden treten sie an eine Frei-zeitbar.

BARKEEPER: „Was wünschen Sie?"
WALTER: „Einen Martini."
BARKEEPER: „Einen trockenen?"
WALTER: „Nein, einen flüssigen – zum Trinken."

Martini flüssig

¼ Martini Dry mit etwas zerstoßenem Eis im Shaker verrühren. Mit einer Olive garnieren.

Das kann doch unsern Willi nicht erschüttern

Familie Willi Hirsekorn fährt nach Bella Italia in Urlaub. Dort angekommen, muß sie erleben, daß ganz Italien in deutscher Hand zu sein scheint. Die Restaurants servieren nur Bratwurst, Sauerkraut, Wiener Schnitzel und Ungarisches Gulasch „Dortmunder Art" – dazu Münchener Bier vom Faß.
In einer Hotel-Massenfutterkrippe werden sie endlich fündig; man serviert „Spaghetti Bolognese".

WILLI: *„So, jetzt bindet euch mal die Serviette um, und dann geht's los. Laßt es euch gut schmecken, ja."*
SOHN: *„Das mag ich nicht!"*
MUTTER: *„Du ißt, was auf den Tisch kommt, oder du fährst sofort nach Hause!"*
SOHN: *„Au fein, da gibt's wieder Sauerbraten."*
WILLI: *„Jetzt wird gegessen! – Jedes Land hat seine Spezialitäten, nicht wahr? Die Spanier ihre Stiere, die Schotten ihre Röcke und die Italiener ihre Spaghetti. Also: Mahlzeit, Prost!"*
Alle stopfen „Spaghetti Bolognese" in sich hinein.

Spaghetti Bolognese
(für die vierköpfige Familie Hirsekorn)

Für die Fleischsoße:
5 EL Olivenöl   erhitzen,
1 Zwiebel,
150 g mageren Speck,
1 Karotte,
1 Scheibe Sellerie,   alles kleingehackt, zusammen andünsten.

500 g Rindfleisch	in Würfel geschnitten, dazugeben und
5 EL Fleischbrühe	beigeben, damit die Soße flüssig bleibt, mit
Petersilie, Thymian,	
1 Lorbeerblatt,	
1 Nelke,	
Salz und Pfeffer	würzen. Kurz aufkochen, dann bei kleiner Hitze ca. 1 Stunde köcheln lassen. Lorbeerblatt und Nelke entfernen. Die Soße zu den
500 g Spaghetti	in Salzwasser mit einem Schuß Olivenöl „al dente" gekochten (ca. 6–8 Minuten) Spaghetti reichen. Dazu geriebener Parmesan.

Sauerbraten „Hirsekorn"
(für vier Hirsekorns)

1 kg Rinderbrust,	bereits in Marinade eingelegt, kauft man am besten beim Metzger. Das Fleisch aus der Marinade nehmen und trockentupfen. Mit dünnen Scheiben von
Bauchspeck	umwickeln, in Mehl wenden und schnell zusammen mit
1 kleingehackten	
Zwiebel	anbraten. Mit wenig Marinade aufgießen, im Bratrohr unter mehrmaligem Nachgießen der Marinade 1½ Stunden lang garen.
Für die Soße:	
1 EL braunen Zucker,	
80 g geraspelten	
Pfefferkuchen	in Butter andünsten, mit Mehl bestäuben, dunkel rösten, mit
¼ l Rinderfond	ablöschen,
300 g passierte	
Tomaten (Dose)	dazugeben und aufköcheln. Soße mit Rotwein abschmecken. Am Schluß mit Petersilie garnieren.

Unser Willi ist der Beste

Heinz Erhardt wieder einmal als Willi Winzig. Eine irrwitzige TV-Live-Sendung – damals noch Vision, heute Wirklichkeit. Willi Winzig als Fernsehkoch. Er bereitet zu: „Mazedonischer Hase in schwarzer Tunke und albanischer Pfeffersoße."
Während er kocht, kommentiert Willi Winzig sein Tun. So entstehen bemerkenswerte Einsichten in die Geheimnisse der Zubereitung von mazedonischem Hasen:

„*Das Wichtigste ist die Soße, damit der mazedonische Hase nach Albanien schmeckt.*"

„*Es gibt zwei Sorten von Hasen, richtige und falsche. Hier haben wir zufällig einen richtigen. Den nehmen wir mal.*"

„*Hasenbraten ist ja an und für sich eine besonders gesunde Nahrung, weil sich ein Hase nur von Gemüse ernährt.*"

Richtiger mazedonischer Hase in albanischer Pfeffersoße
(dieses Rezept bleibt das Geheimnis von Willi Winzig)

Falscher Hase à la Willi Winzig
(für den Koch und drei Gäste)

1 Brötchen,	in Wasser einweichen und mit
1 Ei,	
etwas abgeriebener	
Zitronenschale,	
1 TL kleingehackter	
Petersilie,	
Salz und Pfeffer	und mit
500 g gemischtem	verkneten. Diesen Teig zu einem Laib formen
Hackfleisch	und in eine gefettete Auflaufform geben. Bei 200 °C im Backofen in ca. 45 Minuten garen.

Für die Soße:
1 Zwiebel,	
1 gelbe Rübe	und
1 Stück Knollen-	
sellerie	in
1 EL Butter	dünsten. Mit
Salz und Pfeffer	würzen.
1–2 EL Fleischbrühe	angießen und die Soße mit
etwas Stärkemehl	binden.
1–2 EL gehackte	
Petersilie	dazugeben und zum Hackbraten servieren

Als Beilage: Nudeln oder Kartoffelpüree.

11

Willi Winzig

Als Finanzbeamter am letzten Arbeitstag vor seiner Pensionierung. Der Amtsdiener bringt ein Frühstück für einen Vorgesetzten.

WINZIG: „Was ist denn das?"
AMTSDIENER: „Na das übliche Frühstück für Dr. Senf. Heute hat er dazu Würstchen bestellt."
WINZIG: „Na, geben Sie her."
AMTSDIENER: „Aber Herr Winzig!..."
WINZIG (nimmt das Tablett und spaziert wie ein Oberkellner ins Chefzimmer von Dr. Senf): *„Heiße Würstchen! Heiße Würstchen!..."*
Später gibt es einen Empfang.
ASSESSOR: „Wollen wir nicht etwas essen, Herr Winzig?"
WINZIG: „Nein. Große Taten kommen aus leerem Magen, Herr Assessor."

★ Heinz Erhardt-Quiz ★

Welche große Tat vollbringt Willi Winzig mit leerem Magen?

Antwort: „Er läßt aus Mitgefühl mit den Klienten Steuerakten verschwinden."

Welche gültige Weisheit aus dem Bereich „Bleiben-Fortgehen" gibt Willi Winzig zum besten?

Antwort: „Der Tee muß ziehen, der Kaffee darf sich setzen."

Eine verrückte Familie

Heinz Erhardt als Onkel Fritz. Der Film erzählt die Geschichte der komischen Hamburger Familie Puhmeier, in deren Mittelpunkt die freche Großstadtgöre Klein-Erna steht.

ONKEL FRITZ: „Mich hungert! Was ist denn nun mit dem Abendbrot?"
SEINE FRAU: „Wenn ich keinen Appetit habe, brauchst du auch nichts
*   zu essen."*
ONKEL FRITZ: „Nein. Wie du meinst."
Er fügt sich maulend, denkt aber an sein Lieblingsgericht: Labskaus.

Labskaus Hamburger Art
(für 4 Hamburger)

500 g Pökelrindfleisch	zusammen mit
1 Lorbeerblatt	und
4 Pfefferkörnern	eine gute Stunde lang in Wasser weichkochen, anschließend pürieren.
1 kg Kartoffeln	weichkochen und pürieren.
3 Zwiebeln,	
2 Matjesfilets	ebenfalls pürieren, zusammen mit dem Pökelfleisch in
75 g Pflanzenfett	kurz durchrösten, mit den pürierten Kartoffeln vermengen, mit
Muskat und Pfeffer	würzen.
1 Glas Rote Beete	pürieren und daruntermengen. Die Masse mit etwas heißer Pökelbrühe locker halten. Zusammen mit
je 1 Spiegelei	und
je 1 Rollmops	servieren.

Abenteuer in Norfolk

Heinz Erhardt als Mr. Smith. Er ist Buchhändler und lebt in London. Das Ehepaar Smith sucht ein Sommerhaus und findet eines in Norfolk. Als er es besichtigt, bewirtet ihn die Haushälterin mit einem Steak. Das ist der Beginn merkwürdiger Ereignisse.

HAUSHÄLTERIN: *„Sie müssen doch hungrig sein. Es soll Ihnen sehr gut schmecken."*
SMITH: *„Ja, danke."*
HAUSHÄLTERIN: *„Steak ißt mein Mann für sein Leben gern. Kürzlich, als er operiert wurde, sagte er zu mir: Darling, brate mir ein Steak, damit ich die Operation überstehe, und er hat sie überstanden, Mr. Smith. Aber stellen Sie sich vor: Dem Arzt rutscht doch tatsächlich das Messer ab, als er meinem Mann den Leib aufschnitt...!"*
Mr. Smith rutscht das Messer ab, als er das Steak aufschneidet.
HAUSHÄLTERIN: *„... mein Mann war völlig geschwächt, na kein Wunder, bei dem Blutverlust!..."*
Mr. Smith ist der Appetit vergangen, er schiebt seinen Teller beiseite.

Englisches Steak, innen blutig
(für 4 Landhaus-Bewohner)

2 Porterhouse Steaks	je einmal durchschneiden. Von beiden Seiten nach Geschmack in
Olivenöl	braten, so daß das Innere noch blutig ist. Die fertigen Steaks mit
Salz und Pfeffer frischer	würzen und mit
Brunnenkresse	bestreuen. Bei Bedarf mit
Worcestersoße	abschmecken.

Amerikanisches Steak, völlig unblutig
(für 4 US-Feinschmecker)

4 Filetsteaks   in einer Marinade aus
8 EL Olivenöl
2 zerdrückten
Knoblauchzehen,
8 EL Zitronensaft,   knapp 2 Tage lang stehen lassen, danach ab-
                        tropfen, mit
Salz und Pfeffer   würzen und auf einem sehr heißen Grill –
                        welldone – durchbraten.

Der Fachmann

Heinz Erhardt als Otto Klinke. Der aufdringliche und erfolglose Vertreter für Haushaltswaren wandelt auf kriminellen Abwegen: Er knackt
gerne heimlich Safes.

Eine Küchenluke öffnet sich und im Lokal „Zur Ecke" wird Kalbshaxe
mit Salzkartoffeln serviert. Während die Gäste mit großem Appetit
essen, tuscheln am Nebentisch zwei Männer über den perfekten Ein-
bruch. Es sind ein Autor und ein Regisseur, die sich gerade den näch-
sten Film ausdenken. Offenbar fördert das Essen von Kalbshaxen die
Kreativität.

Kalbshaxe mit Salzkartoffeln à la „Zur Ecke"

(für 7 kreative Gäste)

2 Kalbshaxen	mit
Paprika und Salz	einreiben, in
1 EL Mehl	wälzen und mit
500 g zerschlagenen	
Kalbsknochen	in Fett anbraten.
2 halbierte Zwiebeln,	
2 geschnittene Möhren,	
1 geschnittene	
Selleriestange	hinzufügen, die Haxen wenden und auf der anderen Seite anbraten.
¼ l Boullion	angießen, das Fleisch 2 Stunden lang bei 190 °C im Backofen braten. Häufig begießen. Danach auf eine vorgewärmte Platte legen, Knochen herausnehmen, Fett abschöpfen.
2 EL Stärkemehl	mit
¼ l Weißwein	verrühren und an den Bratensatz gießen. 2 Minuten durchkochen, mit
Zitronensaft	abschmecken. Dazu Salzkartoffeln und grünen Salat servieren.

★ Heinz Erhardt-Quiz ★

Wer ist der Erfinder der Bratkartoffeln?

Antwort: Der Alte Fritz. Warum? Ihr eigentlicher Name ist bekanntlich „Pommes Fritz".

„Man soll im Leben nichts auslassen, außer ...(?)"

Antwort: „Man soll im Leben nichts auslassen, außer Butter."

Vater, Mutter und neun Kinder

Heinz Erhardt als Friedrich Schiller. Er ist jedoch nicht Dichter, sondern Bäcker. Zudem steht er kurz vor einem Seitensprung mit der Gattin des Industriellen Küppers. Am Ende löst sich – vor allem in seiner Familie – alles in Wohlgefallen auf.

Im Jagdschloß der Dame Küppers, die ihren Mann kurzfristig verlassen hat, haben beide bereits einen Cognac getrunken und kommen sich näher, zumal Schiller sich gerade zu Hause per Telefon wegen „dringender Sitzungen" entschuldigt hat.

SCHILLER: „So, schöne Dame, stehe wieder zur Verfügung!"
FRAU KÜPPERS: „Ich kann Ihnen gar nichts zu essen anbieten, das war
alles im Wagen... höchstens ein paar Konserven... aber ich habe
kein Brot, und was man sonst so braucht."
SCHILLER: „Wissen Sie was? Ich back' uns ein paar Pastetchen!"
Kurze Zeit später...
FRAU KÜPPERS: „Hühnerbrust?"
SCHILLER: „Kann rein!"
FRAU KÜPPERS: „Champignons?"
SCHILLER: „Kann rein!"
FRAU KÜPPERS: „Krebsschwänze?"
SCHILLER: „Muß rein!"
Kurze Zeit später...
SCHILLER: „So, wenn die nicht schmecken, dann fress' ich statt der Pa-
stetchen einen Besen!"
FRAU KÜPPERS: „Man lernt doch nie aus! So, jetzt aber ran an die Bu-
letten!"
SCHILLER: „Gnä' Frau, es ist serviert!"

Sie trägt die Pastetchen ins Wohnzimmer. Er verpaßt ihr einen Klaps aufs Hinterteil.

Pastetchen à la Schiller

Friedrich Schiller würde die Pastetchenformen selbst backen. Wir kaufen sie tiefgefroren im Supermarkt, noch besser beim Bäcker (vorbestellen!).

Als Füllung stellen wir wie Friedrich Schiller ein helles Ragout her. Dazu müssen wir vorab eine Frikassee-Soße machen:

40 g Mehl	in
40 g Butter	langsam einbrennen, mit
½ l Fleisch- oder	
Gemüsebrühe	aufgießen, salzen, 10 Minuten köcheln lassen; dann
1 Eigelb	unterrühren, mit
2 EL süßer Sahne	und
3 EL Weißwein	abschmecken

Jetzt geht es an die Pastetchen.

100 g Champignons	putzen, blättrig schneiden und in
20 g Butter	8–10 Minuten andünsten, danach mit
Salz	abschmecken. Kleingewürfelte Reste von der
Hühnerbrust	(anderes Geflügel oder Kalbfleisch) ca. 5 Minuten lang mitdünsten. Mit der Frikassesoße abschmecken, darin die gedünsteten Champignons und Geflügelstücke kurz ziehen lassen. Mit
1 Stück Butter,	
einigen Spritzern	
Worcestersoße	verfeinern und in die warmen Pastetchenformen geben, Worcestersoße dazu servieren.

Nach dem sowohl amourösen wie kulinarischen Abenteuer von Herrn Schiller wird zuhause am Familientisch gegessen.

MUTTER SCHILLER: „Lenchen, reich uns doch mal das Sauerkraut rüber. – Ach ist das schön, daß ich euch alle neune mal zusammen am Tisch hab. – Ja, und wo bleibt der Vater? Na, das Essen wird doch wirklich ganz kalt!"
LENCHEN: „Ich mag kein Fett!"
MUTTER SCHILLER: „Na, iß mein Kind, damit du was wirst."
SOHN: „Papi, das Essen steht auf dem Tisch!"
VATER SCHILLER: „Ja, ich bin ja schon da! Mahlzeit!"
Alle schreien „Mahlzeit!" und beginnen zu essen.
VATER SCHILLER: „Na, was gibt's denn heute?"
ALLE: „Eisbein mit Sauerkraut!"
SOHN: „Vati, dein deutsches Reichsgericht!"

Eisbein mit Sauerkraut als deutsches Reichsgericht
(für alle Neune)

2 große Schweinshaxen	mit
Salz, Pfeffer, Paprikapulver	einreiben.
5 EL Pflanzenfett	in einem Bratentopf erhitzen, darin die Haxen allseitig anbräunen, zugedeckt in den Backofen schieben und bei 180 °C ca. 2 Stunden braten. Anschließend herausnehmen, auf eine vorgewärmte Platte legen, die Haut kreuzweise einschneiden, mit
Salz und Kümmel	einreiben, wieder in den Ofen schieben und unbedeckt eine halbe Stunde weiterbraten, bis sich eine Kruste bildet.

Für die Soße:

Etwas Bratenfett	abschöpfen, den Bratensatz mit
2 Tassen Fleischbrühe	loskochen und mit etwas
Mehl	binden. Zusammen mit dem Fleisch servieren, dazu gibt es heißes Sauerkraut.

Frau Schiller brät eine Ente.

VATER SCHILLER: „Hm, sind da auch ordentlich Äpfel und Rosinen drin?"
MUTTER SCHILLER: „Jawoll! Und dann noch so'n kleines Glas Cognac, das wär doch was für dich?"
VATER SCHILLER: „Es kann ruhig 'n großes sein."
MUTTER SCHILLER: „Friedrich, probier mal, ob die Soße gut ist."
VATER SCHILLER: „Ah, heiß!"
MUTTER SCHILLER: „Na dann puste."
Er pustet.
MUTTER SCHILLER: „Na, ist sie richtig?"
VATER SCHILLER: „Richtig heiß, ja."

Gebratene Ente mit Äpfeln und Rosinen
(für 4 Schillers)

1 junge Ente	waschen, innen und außen
pfeffern, salzen.	Für die Füllung
6 kleine Äpfel	schälen, von Kernen befreien, kleinschneiden,
200 g Rosinen	zusammen mit
	in die Ente füllen, Öffnung zunähen.

Die Ente mit der Brust nach unten in eine Bratpfanne legen, mit wenig kochendem Wasser seitlich aufgießen, in den auf ca. 220 °C vorgeheizten Backofen schieben. Während der Bratzeit (ca. 1½ Stunden) mit Flüssigkeit begießen, Soße entfetten.
30 Minuten vor Ende der Garzeit

4 geschälte Zwiebeln mitbraten. Die Ente mit kaltem Wasser beträufeln und wenden. Nach Ende der Bratzeit die Ente tranchieren, indem man sie halbiert und dann schräg in 2 Teile zerlegt. Mit Äpfeln garniert servieren. Dazu Klöße und Rotkraut.

Charley's Onkel

Heinz Erhardt in einer Nebenrolle als nervöser Vertreter ohne Namen. „Mit Gefühl verkehren" – das ist die Devise der Fahrlehrerin Carola. Sehr zweideutig, finden Sie nicht? Aber deshalb hat sie auch noch einen kleinen Nebenberuf.

★ Heinz Erhardt-Quiz ★

Welchen Nebenberuf übt Carola alias Charley aus?
Antwort: Liegendes Gewerbe

Und was verkauft Heinz Erhardt in diesem Film?
Antwort: Sprühteufelchen

Was trinken die Herren überwiegend?
Antwort: Rum

Was essen die Herren überwiegend?
Antwort: Rührei mit Tomatensalat

Drillinge an Bord

Heinz Erhardt in einer Dreierrolle als Heinz, Eduard und Otto Bollmann. Die drei Brüder wohnen zusammen. Heinz kocht, Otto ist Werbe-
texter und Eduard Chorsänger. Eines Tages gewinnen sie eine Reise
nach Afrika. An Bord des Schiffes suchen sie das Restaurant auf. Zuerst
Heinz.

STEWART: „Ihre Tischnachbarin ist Lady Zocker."
BOLLMANN: „Ah, Zocker – gestatten Bollmann."
Die Lady mampft ungerührt in sich hinein.
STEWART: „Was möchten Sie speisen? Entrecote américaine, Filet de
    Normandie, Boeuf Stroganoff, Rumpsteak? ..."
BOLLMANN: „Jawoll, ja."
STEWART: „Was bitte?"
BOLLMANN: „Na alles."

Später kommen die beiden anderen Brüder – und bestellen noch mal
dasselbe, zur Verwunderung von Lady Zocker. Und der letzte Bollmann
sagt schließlich: „Ja, ja, die Liebe und die Seefahrt machen lustig, gnä'
Frau."

Entrecote américaine
(für 4 Schiffsreisende)

1 Entrecote
(ca. 1 kg Rinder-
rippensteak)   von allen Seiten gut mit
Olivenöl   bestreichen und in der Pfanne bei starker
    Hitze so schnell wie möglich anbraten. Das
    Fleisch soll innen rosig bleiben. Dann bei
    mittlerer Hitze ca. 10 Minuten weiterbraten.

Soße américaine:

2 gehackte Schalotten,	
1 Knoblauchzehe	in
4 EL Olivenöl	andünsten. Nacheinander
200 ml Weißwein,	
100 ml Hühnerbrühe,	
1 kleine Dose	
Tomatenmark,	
1 Lorbeerblatt,	
je 1 Prise Salz und	
Pfeffer,	
etwas Basilikum	dazugeben. Eine halbe Stunde auf kleiner Flamme köcheln. Am Schluß mit einem
Schuß Brandy oder	
Whisky	abschmecken. Mit der Soße das Entrecote übergießen und mit Weißbrot sowie einem grünen Salat servieren.

Filet de Normandie
(für 4 Schiffsreisende)

32 entsteinte	
Backpflaumen	ca. 3 Stunden in
Portwein	einweichen, darin dann kurz aufkochen und danach abkühlen lassen.
150 g Gänseleber-	
pastete	mit
2 EL süßer Sahne	verrühren und anschließend in einen Spritzbeutel füllen. Die Backpflaumen seitlich aufschneiden, mit der entstandenen Masse füllen, wieder schließen und kühl lagern.
8 kleine, dicke	
Filetsteaks (je 100 g)	mit je
1 Streifen fettem Speck	zusammenbinden, jeweils 4 Minuten von beiden Seiten in

3 EL Öl	und
2 EL Butter	anbraten, nach dem Wenden mit
Salz und Pfeffer	würzen und das Fleisch warm stellen. Den Saft aus
1 kl. Dose Trüffeln	mit
8 EL Fleischbrühe	und
¼ l Schlagsahne	einkochen lassen,
2 Trüffeln (je 10 g)	hacken und
1 Schuß Portwein	dazugeben. Zu einer dicklichen Soße einkochen. Die Filets auf einer heißen Platte anrichten, mit der Soße übergießen und mit den Backpflaumen garnieren. Dazu einen Salat und – nach Geschmack – süße Kartoffeln. Diese werden zubereitet, indem man anstelle von Salz einen Schuß Rum ins Kochwasser gibt.

Boeuf Stroganoff
(für 4 Schiffsreisende)

½ kg Kartoffeln	schälen und in Würfel schneiden,
2 Zwiebeln	hacken,
500 g Filetspitzen vom Rind	in 2 cm große Würfel schneiden. Kartoffelwürfel mit
Salz	würzen und in
4 EL Butter	unter ständigem Rühren bei mittlerer Hitze von allen Seiten anbraten und bei milder Hitze garen. Vom Feuer nehmen, zudecken und warm stellen. Dann die kleingehackten Zwiebeln in einer Pfanne in
Butter	goldgelb anbraten und anschließend mit
1 Tasse Fleischfond	aufkochen. Mit
Senf,	

dem Saft von	
½ Zitrone	und
Essig	abschmecken, die Soße mit
saurer Sahne	sämig abrunden. Die Fleischwürfel in
Öl	scharf anbraten – sie sollten außen braun und innen noch leicht blutig sein. Die gut mit
Salz und Pfeffer	gewürzten Filetspitzen anschließend in die Soße geben und mit den Kartoffeln umlegt servieren.

Rumpsteak
(für 4 Schiffsreisende)

2 EL Butterschmalz	in einer großen Pfanne erhitzen,
4 Rumpsteaks	von jeder Seite scharf anbraten. Hitze zurück-
(gut 2 cm dick)	schalten und das Fleisch von beiden Seiten weitere 2 Minuten braten. Herausnehmen, leicht salzen und in Alufolie warmstellen. Bratfett abgießen, Bratensaft mit
1 Becher Schlagsahne,	
Saft von ½ Orange,	loskochen. Soße eindicken,
3 TL grünen Pfeffer	dazugeben, Orangensoße abschmecken mit:
1 Msp. Curry,	
Salz,	
schwarzem Pfeffer.	
1 Orange	schälen und filetieren, als Garnierung zum Fleisch, das mit der Soße übergossen wird, servieren. Dazu Baguette reichen.

★ Heinz Erhardt-Quiz ★

Mit welchen Parolen will Bollmann den Getränkekonsum heben?

Antwort a: „Singe, wem Gesang gegeben, wer's nicht kann, soll einen heben." Antwort b: „Trinkt Sekt, der schmeckt!"

Der Kurpfuscher

Heinz Erhardt als Wunderheiler Cyprian, der in einem kleinen Ort Patienten mit unorthodoxen Methoden heilt. Ein Reporter tritt auf.

REPORTER: „Ich heiße Meier und möchte Herrn Cyprian sprechen."
HAUSANGESTELLTER: „Er frühstückt gerade."
REPORTER: „Na denn, Guten Appetit."
HAUSANGESTELLTER: „Ja, den hat er. Er ist ein gesunder Mensch, aber er kann furchtbar viel essen."

Später berät Cyprian einen Bauern, dessen Kuh kein Heu mehr fressen will, weil es zu trocken ist.

CYPRIAN: „Aber mein Sohn, du kannst doch einer Kuh das Heu nicht trocken servieren. Du mußt es schön braten, servieren, garnieren mit Früchten drumherum! – Wie heißt du?"
BAUER: „Spiegel."
CYPRIAN: „Spiegel! Du servierst ihr Heu à la Spiegel! Denn auch eine Kuh frißt mit den Augen!"
BAUER: „Unsere Kuh frißt mit dem Maul."
CYPRIAN: „Halte dasselbe!"

Freddy und der Millionär

Heinz Erhardt als Mr. Stone. Der Millionär besitzt eine Villa in Italien. Dort freundet er sich mit Herrn Meier alias Freddy an, der dem reichen, aber leider kranken Mann auch mal die Meinung sagt.

STONE: „Ein Frühstück für meinen Freund Meier!"
ANGESTELLTER: „Was pflegen Sie zu nehmen?"
MEIER: „Ein normales Früstück, wie es unsere Gäste kriegen."
Kurz darauf karrt der Angestellte ein Büffet auf Rädern herein. Das
*   Frühstück ist äußerst üppig.*
STONE: „Ha, so ein normales Frühstück möchte ich auch mal essen
*   dürfen."*
MEIER: „Haben Sie sich den Magen verdorben?"
STONE: „Was heißt Magen verdorben! Ich bin ein kranker Mensch."
MEIER: „Ja, die Gesundheit ist das allerwichtigste. Man muß sich
*   rechtzeitig in Form halten."*
STONE: „Ach, und wie macht man das?"
MEIER: „Frühstücken. Immer anständig frühstücken."

Das ist das Stichwort. Der kranke Mr. Stone auf Diät wird später das üppige Frühstück selber essen. Er entdeckt das Leben wieder, ißt und trinkt mit Appetit.

DIENER: „Darf ich Ihnen das Ei aufschlagen, Mr. Stone."
MR. STONE: „Nein, schließlich muß ich auch mal körperlich arbeiten,
*   nicht?"*

Italienisches Omelett
(für 2 hungrige Mr. Stones)

6 Eier und	
1 Schuß Schlagsahne	verrühren. Inzwischen
6 Knoblauchzehen	hacken, in
4 EL Olivenöl	scharf anbraten,
6 EL Tomatenmark	und
mehrere Prisen	
schwarzen Pfeffer	dazugeben. Alles zusammen bei starker Hitze unter ständigem Rühren anbräunen. Am Schluß die Eier nochmals verrühren, in die Pfanne geben und bis zur richtigen Konsistenz durchrühren. Es kommt alles auf das ständige Rühren an!

Der müde Theodor

Heinz Erhardt als Theodor Hagemann. Der Marmeladenfabrikant steht unter der Fuchtel seiner Frau. Gern spielt er den Mäzen, aber seine bessere Hälfte läßt ihm kein Taschengeld. Um diesem Notstand abzuhelfen, arbeitet Theodor als Kellner im Nachtdienst – und wird dadurch müder und müder.

In diesem Film spricht Heinz Erhardt den denkwürdigen Satz: *„Immer wenn ich traurig bin, muß ich essen!"*

Das tut er denn hier auch. In einer Szene verputzt er ein riesiges Frühstück.

Der letzte Fußgänger

Heinz Erhardt als Gottlieb Sänger. Er macht eine Rucksackreise zu Fuß in den Schwarzwald. Unterwegs trifft er die verwöhnte junge Göre Kiki, die aus dem Pensionat ausbüchst.

GOTTLIEB: „Na, wie wär's mit einem Brötchen."
KIKI: „Nein danke, ich geh' später noch in den Speisewagen."
GOTTLIEB: „Ah so, dann fang ich inzwischen an."
KIKI: „Womit ist denn das belegt?"
GOTTLIEB: „Mit Jagdwurst, schön nicht? Hm, schmeckt herrlich!"
Kiki läuft heimlich das Wasser im Mund zusammen.
GOTTLIEB: „Mir hat die Ruppert hier ein Huhn eingepackt, aber sowas herrliches!"
KIKI: „An und für sich schmeckt so ein belegtes Brötchen sehr gut."
GOTTLIEB: „Wunderbar! Ich hab ja noch eins mit Leberwurst, da sind sogar Trüffel drauf! Ha, freue ich mich schon drauf!"
KIKI: „Eigentlich ist es hier viel gemütlicher als im Speisewagen."
GOTTLIEB: „Na, wenn Sie es sich überlegen würden…"
KIKI: „Ja, ich hab's mir überlegt…"
Sie beißt in eine Hühnerkeule.

★ **Heinz Erhardt-Quiz** ★

Wie nennt Kiki ihren Reisebegleiter Gottlieb Sänger?
Antwort: Onkelchen

Was ißt Onkelchen am liebsten?
Antwort: Belegte Brötchen von der Ruppert

Belegte Brötchen
(für Gottlieb, Kiki und 2 Freunde)

Salamibrötchen „Gourmet"
(für 2 Gourmets)

125 g Salami	dünn schneiden,
4 Brötchenhälften	mit Butter bestreichen,
4 Eier	aufschlagen und zu Rühreiern verarbeiten, mit
Salz, Pfeffer, Muskat	abschmecken und über die Brötchenhälften verteilen; die Salami darauf anrichten, mit
Gurkenscheibchen	garnieren.

Pikante Schinken-Brötchen
(für 2 Wanderer)

4 Eier	hart kochen,
4 Scheiben Sonnen-blumenbrötchen	mit
100 g Kräuter-Frischkäse	bestreichen, mit
Pfeffer	würzen und bereit stellen.
150 g gekochten Schinken	in feine Würfel schneiden,
ca. 100 g Sojasprossen	säubern und zupfen. Die Eier pellen, Eiweiß und Eigelb getrennt hacken. Die Sprossen auf die mit Käse bestrichenen Brötchen verstreuen, darüber den Schinken und obenauf das Ei verteilen, mit Pfeffer nachwürzen.

Herrliches Huhn à la Ruppert

(für Gottlieb und Kiki)

1 junges Hühnchen
(ca. 1000 g)   ausnehmen, abspülen und trockentupfen.
Innen und außen mit
Salz und Pfeffer   würzen.
Hühnerleber   feinhacken,
1 Zwieback   in
etwas Milch   ausdrücken, damit
2 gehackte Zwiebeln,
1 Eigelb,
4 gehackte
Champignons,
je 1 Prise Basilikum
und Rosmarin   sowie
2 EL gehackte
Petersilie   vermischen, mit
Salz und Pfeffer   abschmecken. Mit dieser Masse und
2 Scheiben
unbehandelter Zitrone   das Geflügel füllen. Die Schlundöffnung mit
1 Zitronenscheibe   verschließen. Langsam in
2 EL Öl   rundum anbraten.
½ l Weißwein   langsam dazugeben, ebenso
1 gehackte Zwiebel,
1 Thymianzweig   und
1 Lorbeerblatt.   Mit dem Saft von
½ Zitrone   abschmecken und etwa 40 Minuten schmoren.
Dann warm stellen. Soße durch ein Sieb passieren,
¼ l Schlagsahne   unterrühren und
1 TL Stärkemehl,   das in kaltem Wasser verrührt wurde, hinzufügen. Die Soße nochmals leicht erhitzen, nicht kochen. Wenn man wie Onkel Gottlieb im Zug sitzt, schmeckt das Ruppertsche Huhn auch ohne Soße.

So ein Millionär hat's schwer

Heinz Erhardt als Alfons Rapper. Er darf auf dem Anwesen des Millionärs Collin in Cannes die Gäste empfangen. Zunächst bedient er sich jedoch bei jeder Gelegenheit klammheimlich am kalten Büffet. Der Sohn des Millionärs speist inzwischen bei einem Malerfreund.

COLLIN: *„Das war die beste Bouillabaisse, die ich je gegessen habe."*

Französische Fischsuppe
(für 4 Esser)

Für eine echte Marseiller Bouillabaisse müssen mindestens sieben Edel-Fischsorten verwendet werden, die heutzutage fast unbezahlbar sind. Das nachstehende Rezept ist schmackhaft und praktikabel, würde den Provençalen allerdings nicht schmecken, weil sie Muscheln in der Suppe als Beleidigung empfinden.

2 Schalotten	kleinhacken und in
Olivenöl	andünsten. Mit
0,2 l Weißwein	ablöschen, pfeffern und salzen.
250 g Miesmuscheln	
(aus dem Glas)	ca. 5 Minuten lang bei starker Hitze dazugeben. Der gesamte Sud wird abgesiebt und zur Seite gestellt, die Muscheltiere aus der Schale genommen, warm gestellt. Dann werden
2 Lauchstengel	feingeschnitten,
2 geschälte Tomaten	kleingehackt,
2 Knoblauchzehen	zerdrückt,
etwas Fenchelkraut	zerschnitten und das Ganze in
1½ l Wasser,	zusammen mit
2 Lorbeerblättern	und

1 TL Pfefferkörnern	ca. 15 Minuten gekocht.
1 kg Fisch	
(Schellfisch,	
Rotbarsch o. ä.)	frisch und ausgenommen, in Stücke schneiden und zusammen mit den Muscheln und dem Muschelsud beigeben,
1 Msp. Safran	einstreuen und weitere 15 Minuten kochen, wobei unterschiedliche Garzeiten der verwendeten Fischsorten beachtet werden müssen! Ganz zum Schluß werden
1 Eigelb	und
1/8 l saure Sahne	vermischt und damit die Suppe gebunden. In die Suppenschüssel pro Person eine Scheibe
Baguette	legen und mit
etwas Petersilie	bestreuen. Die heiße Suppe darüber geben.

Der Maler diniert in einem ortsbekannten Restaurant.

WIRT: „Nun, mein Lieber, was sagen Sie zu Ihrem Tintenfisch?"
MALER: „Herrlich!"
WIRT: „Speziell für Sie zubereitet – in eigener Tinte!"

Tintenfisch in eigener Tinte ist natürlich ein Spaß. Wir bereiten das leckere Meerestier mit Knoblauchsoße.

Tintenfisch in Knoblauchsoße
(für 2 Restaurantgäste)

3 Knoblauchzehen	schälen und pressen.
⅛ l Fischfond	erhitzen, Knoblauch einrühren, mit dem Pürierstab
75 g eiskalte Butter	in kleinen Stücken untermischen.
2 Eigelb	verquirlen und in die erhitzte Soße rühren, salzen und pfeffern, mit
einigen Tropfen Zitronensaft	abschmecken.
750 g Tintenfische	sorgfältig ausnehmen, Haut abziehen, waschen, mit Küchenkrepp trocknen und in Ringe schneiden. Mit
Salz und Pfeffer	würzen.
50 g Butter	erhitzen, darin den Fisch in zwei Portionen ca. 5 Minuten braten, öfter wenden. Fisch in der Soße anrichten, dazu einen grünen Salat und Weißbrot servieren.

★ Heinz Erhardt-Quiz ★

Wer war der erste Koch?

Antwort: David, denn er dämpfte den Auflauf der Amalekiter.

Was sagt die Bäuerin am Sonntag?

Antwort: „Da kocht der alte Suppenhahn, den wir noch gestern huppern sahn."

Drei Mann in einem Boot

Heinz Erhardt als Georg Nolte. Der Kunsthändler ist mit seiner Familie im Urlaub am Bodensee. Er angelt eine Forelle, doch seine Frau kommt und schüttet die Forelle mit dem Eimer Wasser in den See.

FRAU: „Wenn man Fisch essen will, geht man ins Restaurant."

Bodensee-Forelle
(für 4 Urlauber)

4 Forellen	säubern, innen und außen mit
Zitronensaft	beträufeln und salzen, innen mit
feingehackter	
Petersilie	bestreuen. Aluminiumfolie mit
Butter	ausstreichen, die Forellen darin nicht zu fest einwickeln. Grillzeit je nach Größe 10–12 Minuten von jeder Seite. Dazu Pellkartoffeln und heiße Butter servieren.

Georg Nolte beschließt, mit zwei Kumpels eine Bootstour zu machen. Er entpuppt sich dabei als Hobbykoch.

NOLTE: „So, bitte Platz nehmen zum Abendessen. Klar Schiff bei Messer und Gabel. Bitte sehr. Das ist Schaschlik à la Nolte! Das Fleisch war eigentlich für den Hund bestimmt, aber ich koch so gerne."

Schaschlik à la Nolte

(für 3 Mann in einem Boot)

450 g Filetfleisch	
(Rind, Kalb, Hammel,	
Schwein)	in 3 cm dicke Würfel schneiden.
200 g Räucherspeck	in dünne Scheiben schneiden.
6 kleine Zwiebeln	vierteln und auseinanderblättern.
6 kleine Tomaten	vierteln. Jede Zutat abwechselnd auf Spieße stecken und auf eine Platte legen. Eine Marinade aus:
Öl	
Salz,	
Pfeffer,	
Zitronensaft,	
3 gehackten	
Knoblauchzehen	anfertigen, Spieße darin wälzen. Im gut vorgeheizten Grill von beiden Seiten grillen, oder in der Pfanne braten. Dazu Brot oder Toast und Currysoße.

Etwas später.

HARRY: *„Ich habe einen Vorschlag. Ich mache jetzt ein Omelett nach Art des Kapitäns."*
NOLTE: *„Und wer kriegt das?"*
JEROME: *„Das knobeln wir aus."*
NOLTE: *„Und wer verliert, der muß es essen."*

Die drei bereiten das Omelett gemeinsam – mit viel Rum.

Omelett nach Kapitänsart

(für drei Freizeitkapitäne)

6 Eier,	
6 EL Milch,	
Salz und Pfeffer,	
etwas Butter	mit dem Schneebesen verschlagen. In einer Stielpfanne erhitzen und dreimal je eine Portion Eiermasse hineingeben. Bei schwacher Hitze backen, bis die Masse gestockt ist (nicht umrühren oder umdrehen!). Das Omelett von der Pfanne lösen, aufrollen, mit
Schnittlauch	bestreuen. Mit einem kräftigen Schuß
Rum	übergießen und flambieren.

FRAU NOLTE: *„Was machst du denn hier, willst du das Schiff in Brand setzen?"*
HERR NOLTE: *„Nee, ich brate Koteletts."*
FRAU NOLTE: *„Koteletts? Das sind Briketts."*

Koteletts à la Nolte

1. Variante: als Briketts

(darauf wollen wir nicht näher eingehen)

2. Variante: zart und aromatisch

(für Herrn Nolte, Frau Nolte und 2 Freizeitkapitäne)

4 Schweinekoteletts	klopfen, mit
Salz, Pfeffer, Muskat	würzen, zuerst in ausreichend
Mehl,	dann in verschlagenem
Ei und	
Semmelbröseln	wenden. In reichlich heißem
Pflanzenfett	auf beiden Seiten goldbraun backen. Dazu Kartoffelsalat und Gurkensalat.

Witwer mit fünf Töchtern

Heinz Erhardt als Friedrich Scherzer. Der Bibliothekar arbeitet in einem alten Schloß, das einem Amerikaner gehört, den Scherzer („dieser Keks") gern „Mr. Doppelkorn" nennt, obwohl er Pfefferkorn heißt. Es wird gegessen, Fräulein Forsch, die Haushälterin hat gekocht: Koteletts mit frischem Gemüse.

Scherzer: „Guten Mittag!"

Da passiert das Malheur. Die kleine Julchen läßt die Koteletts samt Geschirr zu Bruch gehen. Fräulein Forsch ist nur kurz konsterniert.

Fräulein Forsch: „Ich tue, was ich kann. Eine schnelle Suppe aus der Tüte gelingt mir immer am besten."
Scherzer: „Na, da kriegen wir ja doch noch was."

Da Fräulein Forsch immer eine Rindsbouillon parat hat, ist ihre verfeinerte Tütensuppe schnell fertig.

Rindsbouillon
(für 2½ Liter oder 6 Personen)

1½ kg Suppenfleisch	mit
1 EL Salz,	
½ TL Pfeffer	in ca. 3 Liter kochendes Wasser geben und bei milder Hitze 2 Stunden zugedeckt köcheln lassen. Kleingeschnittenes Gemüse aus:
500 g Karotten,	
500 g Sellerie,	
150 g weiße Rüben,	
500 g Zwiebeln,	

2 Lauchstangen,
2 Knoblauchzehen
2 EL Petersilie,
gehackt
1 Lorbeerblatt,
1 kleinen Weißkohl
½ TL Thymian   dazugeben und zugedeckt weiterköcheln, bis
das Fleisch vom Knochen fällt. Fleisch her-
ausnehmen, in Würfel schneiden, Bouillon
durchsieben, abkühlen lassen und Fett
abschöpfen. Alles wieder zusammengeben,
Tütensuppe darin (statt in Wasser) erhitzen –
gelingt nicht nur Fräulein Forsch.

★ **Heinz Erhardt-Quiz** ★

Was antwortet Friedrich auf die Frage seiner Tochter Ulla,
was Herzklopfen bedeutet?

„Antwort: „Zuviel gegessen oder verliebt."

Witwer Scherzer schlägt sich mit Sorgen und Töchtern durch, und als
die Köchin kündigt, ist guter Rat teuer. Die fünf Töchter können nicht
kochen. Das macht jedoch nichts, weil sie sowieso ständig ausgehen.

SCHERZER: *„Ich habe Hunger bis unter beide Arme."*
ÄLTESTE TOCHTER: *„Vati, ich hab dir schnell ein belegtes Brot ge-*
        macht."
SCHERZER: *„Schmeckt ja grauenhaft! Da bleibt einem ja der Gaumen*
        stehen!"

Wie belegte Brote schmecken können, ohne daß einem der Gaumen
stehenbleibt, zeigt das folgende Beispiel.

Scherzer spezial
(für 1 Person)

2 dünne Scheiben	
gepökelte Rinder-	
brust (warm)	mit
schwarzem Pfeffer	einreiben,
2 Scheiben Weißbrot	kurz anrösten, innen nach Geschmack mit
Mayonnaise	bestreichen, die Rinderbrust dazwischenlegen,
3 Gurkenscheiben	auf das Fleisch legen. Mit
frischer Petersilie	und
1 Prise Zimt	sowie
einigen Spritzern	
Zitronensaft,	
einigen Spritzern	
Weinbrand	abrunden.

Scherzer muß sich selbst die Küchenschürze umbinden. Berühmt sind seine Suppen für den guten Geschmack – berüchtigt, weil sie nicht satt machen. Dafür kann der zweite Gang dann deftig sein.

Suppe à la Scherzer
(für 1 Witwer und 5 Töchter)

125 g Blumenkohl	in Röschen schneiden, zusammen mit
2 Stangen Spargel	in
Salzwasser	mit
1 Schuß Milch	garen. In einem separaten Topf
50 g Brechbohnen,	
100 g Erbsen und	
Möhren	mit kochendem Wasser garen.
1 l Fleisch- oder	
Geflügelbrühe	erhitzen, den gegarten Spargel und Blumenkohl dazugeben, die Brühe mit

Salz, Muskatnuß,
div. Frühjahrskräutern
(z. B. Sauerampfer,
Kresse, Löwenzahn)   abschmecken. Zusammen mit dem restlichen
                        Gemüse in eine Terrine geben und mit
Petersilie   bestreuen. Mit einer Eierstich-Einlage
                        servieren.

Eine neue Köchin ist gefunden. Scherzer spricht gerade mit dem Bild
seiner verstorbenen Frau Mathilde. Er schnuppert nach draußen:

„Hammelrippchen mit grünen Bohnen – das rieche ich sofort. Ach,
Mathilde, wenn ich noch an deine Hammelrippchen denke!"

Hammelrippchen mit grünen Bohnen
(Für Herrn und Frau Scherzer)

50 g Fett   zusammen mit
1 Scheibe Speck   in einem fest schließenden Topf erhitzen.
500 g Hammelrippchen   dazugeben, ebenso
1 gehackte Zwiebel   und
1 zerdrückte Knob-
lauchzehe,   mit
Salz und Pfeffer   bestreuen, die Rippchen schön anbraten.
500 g grüne Bohnen
mit Kraut   kleinschneiden, ebenso
300 g Kartoffeln.   Beides lagenweise in den Topf mit den Ham-
                        melrippchen einschichten, als oberste Schicht
                        Kartoffeln. Seitlich etwas Brühe oder Wasser
                        aufgießen, ca. 1 Stunde langsam dünsten, da-
                        bei Flüssigkeit nachgießen.

Immer die Radfahrer

Heinz Erhardt als Fritz Eilers. Der Likörfabrikant schwingt sich mit zwei Freunden aufs Fahrrad und fährt durch Kärnten. Der agile Unternehmer entdeckt das einfache Leben: die Freuden einer über dem offenen Feuer gekochten Bockwurst, den Almabtrieb und junge Bäuerinnen und Touristinnen. Auch ein selbstgekochtes Gulasch auf freier Wiese begeistert ihn.

Gulasch, Kärntner Art
(für 5 Wanderer)

1 kg Beinfleisch vom Rind	in 2 cm große Würfel schneiden, mit
Salz	bestreuen.
4 große Zwiebeln	grob hacken und in
100 g Schweinefett	anbraten. Dann Fleischwürfel und
3 Knoblauchzehen, 1 TL Kümmel, ½ TL Majoran, 2 TL Paprika, 2 zerschnittene Tomaten	hinzugeben und alles zugedeckt schmoren lassen. Flüssigkeit einkochen, dann mit kochendem Wasser aufgießen, darin 2 Stunden weiterschmoren. Soße mit
Stärkemehl	binden. Dazu schmecken Kärntner Speckknödel oder Nudeln.

Unser Trio kann sich nicht entscheiden, ob es beim einfachen Leben bleiben, oder zu den Fleischtöpfen der Zivilisation zurückkehren will. Als Kompromiß essen sie Kartoffelsuppe mit Würstchen.

Kartoffelsuppe mit Würstchen
(für ein unentschiedenes Trio)

500 g rohe Kartoffeln	schälen und in Würfel schneiden. Mit reichlich
Suppengrün	und
1 großen Zwiebel	in
20 g Fett	und
1 Scheibe Bauchspeck	andämpfen. Mit
30 g Mehl	bestäuben, noch kurz dämpfen, aufgießen, mit
Salz,	
Pfeffer,	
Muskat,	
Majoran	würzen und 30 Minuten kochen. Mit
½ Tasse	
saurer Sahne	abschmecken. Am Schluß den Inhalt von
1 Dose Würstchen	in Stücke schneiden und mit der Suppe erhitzen.

★ Heinz Erhardt-Quiz ★

Wie lautet das Motto von Fritz Eilers?

„Antwort: „Eierlikör ist gesünder als Spinat."

Eine ruhige Stunde

Heinz Erhardt als Heinrich Wende, der von einer Nachbarin gebeten wird, in ihrer Wohnung auf den Käufer eines Kinderwagens zu warten. Er nimmt seine Briefmarkensammlung und geht zu ihr. Sie kocht gerade Pflaumenmuß.

NACHBARIN: „Ach, würden Sie mal das Mus umrühren?"

WENDE: „Ja, bitteschön."

NACHBARIN: „Wollen Sie nicht mal probieren?"

WENDE: „Nein, ich mag kein Pflaumenmus. Mein Vater war nämlich Direktor einer Obstbaumschule und seine Lieblingsschüler waren die Pflaumenbäume. Und ich mußte morgens Pflaumenmus essen und mittags Pflaumenmus essen, abends gabs dann dafür Pflaumenkompott. Die Pflaumen wuchsen mir schon aus der Nase raus."

NACHBARIN: „Kann ich Ihnen sonst was anbieten, vielleicht einen Schnaps?"

WENDE: „Ja, da sage ich nicht nein. Was ist das denn für einer?"

NACHBARIN: „Pflaumenschnaps, selbstgebrannt."

Natürlich die Autofahrer

Heinz Erhardt als Herr Dobermann. Der Verkehrspolizist, der den zwar noch spärlichen aber rücksichtslosen Autoverkehr der späten 50er Jahre regelt, ist überzeugter Radfahrer und Fußgänger. Der Witwer lebt mit seinen drei Töchtern im selbstgebauten Eigenheim. Dort wird manchmal gefeiert, daß die Wände wackeln. Und kochen kann Dobermann auch.

Dobermann wacht mitten in der Nacht auf.

DOBERMANN: „Ich weiß nicht, mein Kopf dröhnt so. Ich glaube die Bowle ist mir nicht bekommen."

Erdbeerbowle Dobermann
(für Herrn Dobermann und drei angesäuselte Töchter)

500 g Erdbeeren	säubern und halbieren, in ein Bowlegefäß geben, mit
100 g Zucker	bestreuen und eine Stunde durchziehen lassen. Die Früchte mit
½ l Weißwein	übergießen und eine weitere Stunde zugedeckt ziehen lassen. Eine Viertelstunde vor dem Servieren
1 l Weißwein *1 Flasche* *trockenen Sekt*	nachgießen, und beim Eintreffen der Gäste mit
	auffüllen. Man kann mit Rum oder Brandy den Geschmack intensivieren, erhöht damit jedoch die Gefahr von Dobermann-Kopfschmerzen.

Herr Bierbaum, Dobermanns Rivale um die Gunst von Jutta, küßt dieser die Hand. Dobermann kommt dazu und fragt: *„Na, wie schmeckt's?"* Später zeigt Herr Bierbaum beiden seine perfekte, vollautomatische Küche.

DOBERMANN: „Kochen kann man hier auch?"
BIERBAUM: „Ja, alles automatisch. Hier meine Kochmaschine. Alles, was auf den Rezepten steht, kann man essen."
DOBERMANN: „Ach, essen muß man noch selbst?"

Vollautomatisches Kalbfleisch à la Bierbaum
(für Herrn Bierbaum, Herrn Dobermann, Jutta und einen Gast)

1 kg Kalbfleisch	in 2 cm große Würfel schneiden.
2 EL Öl	in einer Pfanne erhitzen und das Fleisch darin anbraten. In einen Topf umfüllen,
3 gehackte Zwiebeln, *2 EL gehackte und vermischte Frühlings- kräuter,* *1 Lorbeerblatt,* *etwas Thymian,* *½ l helles Bier*	dazugeben und 1 gute Stunde bei milder Hitze schmoren lassen. Fleischwürfel herausnehmen, Soße durchseihen und
1 Zitrone	(in Scheiben) hinzugeben.
1 EL Mehl	mit etwas Wasser verrühren und die Soße binden. Mit
Salz und Pfeffer	würzen. Fleischwürfel in der Soße erhitzen. Dazu serviert Herr Bierbaum Bratkartoffeln.

Dobermann steht mit Tochter Karin in der Küche. Er hat gekocht und kostet aus dem Topf.
DOBERMANN: „Mmh! – Hier, nimm mal."

Pichelsteiner Fleisch
(für sechs Familienmitglieder)

100 g Räucherspeck	würfeln und auslassen. Inzwischen:
250 g Rinderfilet,	
250 g Kalbfleisch,	
250 g Schweinefleisch,	salzen und pfeffern. Eine Lage Fleischwürfel anbraten,
4 EL Speckfett	in eine Kasserolle geben, darauf nacheinander je eine Lage aus
4 EL gehackter Petersilie,	
250 g Sellerie,	
250 g Möhren,	
500 g Kartoffeln	(jeweils geschnitten) schichten. Kasserolle weiter lagenweise füllen, als oberste Schicht Kartoffeln. Mit restlichem Speckfett beträufeln,
½ l Rinderbouillon	angießen und eine Stunde köcheln lassen. Dazu Brot servieren.

★ Heinz Erhardt-Quiz ★

Was muß sich Herr Dobermann auch beim Kochen andauernd sagen lassen?

Antwort: „Nur nicht nervös werden!"

Mein Mann, das Wirtschaftswunder

Heinz Erhardt als Paul Korn. Er ist Fahrer des Stahlfabrikanten Engelmann und leistet sich in dieser Position kritische Kalauer aus der unteren Perspektive. Schließlich übernimmt er sogar die Werksleitung. Sein Name ist Programm, denn Herr Korn trinkt sehr gern denselben, und auch dem Essen ist er nicht abgeneigt.
Eines Morgens serviert er in Butler-Uniform das Frühstück.

KORN: „Toast, Weißbrot, Schwarzbrot, Pimpernuckel..."

Der Versprecher mag dadurch zustandegekommen sein, daß ihn am Vorabend eine üppige Zigeunerin heftig anmachte...

Der Ölprinz

Heinz Erhardt als Kantor Hampel. Er gerät in ein Karl-May-Abenteuer und muß mit Old Shatterhand und Winnetou durch den (deutschen) Wilden Westen reisen. Dabei retten ihn nur sein Humor und sein guter Appetit.
Heinz Erhardt über die Verpflegung am Drehort: *„ (Ich ging) mit mehreren Klößen im Magen zum Mittagessen. Dieses wurde aus sogenannten Lunchtüten verabreicht, deren Inhalt oft blähte. So wurde ich im reifen Alter auch noch zum Blähboy."*

Die Herren mit der weißen Weste

Heinz Erhardt als Heinrich Scheller. Der Studienrat a. D. ist nebenberuflich Mitglied einer Rentner-Gang, die dem Recht zu seinem Recht verhelfen will – gewissermaßen. Und dann ist er auch noch Babysitter. Mit Babynahrung und Babypopos kennt er sich bestens aus.

Anführer der Rentner ist der Oberlandesgerichtsrat a. D. Zänker. Beim Frühstück wird geplant.

KNAUER: *„Opa, nicht so viel Wurst! Du weißt, tierische Fette fördern die Verkalkung."*
ZÄNKER: *„Dann mußt Du ja schon viel davon gegessen haben!"*
KNAUER (beißt in ein Brötchen und verzieht angeekelt das Gesicht): *„Wer hat denn den Senf in das Brötchen getan!"*
FRAU ZÄNKER: *„Das war ich!"*

Oberlandesgerichtsrats-Frühstück mit viel Wurst
(nur für ihn selbst)

100 g Cervelatwurst	in dünne Scheiben schneiden,
2 Gewürzgurken.	
1 Tomate	fein würfeln, alles gut mischen, auf
gebuttertes Graubrot	geben, mit
Zwiebelwürfel	garnieren.
	Die Scheiben von
100 g gekochtem	
Schinken	halbieren und auf
gebuttertes Toastbrot	legen, diagonal halbieren und mit Scheiben von
2 Eiern	belegen. Darüber
einige Spargelspitzen	geben.

100 g Leberwurst	auf
gebutterte	
Pumpernickel	streichen. Darauf Ringe von
1 Zwiebel	und Streifen von
1 kleinen Apfel	geben.
	Der Oberlandesgerichtsrat trinkt dazu frisch-
	gepreßten Orangensaft und Tee.

Heinrich Scheller nimmt ein Kleinkind auf dem Buckel ins Fußball-
stadion mit.

SCHELLER: „Zweimal Würstchen, bitte!"
ZUSCHAUER: „Aber Sie werden doch dem Kleinkind kein Würstchen geben!"
SCHELLER (süßsauer): „Ist doch mein Würstchen, oder?"

Frankfurter Würstchen – süßsauer
(für Herrn Scheller nebst Kleinkind)

2 Frühlingszwiebeln	in Ringe schneiden,
200 g Frankfurter	vierteln,
½ grüne Paprika	fein hacken,
1 Tomate	achteln.
200 g Ananasstücke	
(aus der Dose)	auf einem Sieb abtropfen lasssen, den Saft
	aufheben.
2 EL braunen Zucker	mit
1 EL Stärkemehl	mischen, mit dem Ananassaft verrühren und
	erhitzen, dann
1 EL Essig	
1 Spritzer Sojasoße,	
1 Prise Salz	mit den Frühlingszwiebeln vermischen, in die
	Soße geben, ständig umrühren bis diese dick
	ist, 2 Minuten aufkochen, dann Würstchen und
	Paprika hineingeben. Obenauf die Tomaten-
	achtel legen und nochmals heiß werden lassen.

Der Haustyrann

Heinz Erhardt als Herr Perlacher. Er betreibt ein Café und liegt mit einer Untermieterin im Dauerstreit. Überhaupt ist dieser Mann chronisch mißlaunig. Damit macht er sich und seinen Gästen das Leben schwer. Als er wegen seines Verhaltens vor Gericht erscheinen muß, packt er dort der Reihe nach das Grundgesetz, seine Thermosflasche und eine Brotzeit aus – auch vor Gericht braucht er sein Gericht.

★ **Heinz Erhardt-Quiz** ★

Was ist das Lebensmotto des Herrn Perlacher?

Antwort: „Mit Liebenswürdigkeit kommt man nicht weit, da denken die Leute nur, man sei im Unrecht."

Eine gewisse Marietta

Heinz Erhardt als Gottlieb Vogel. Am Anfang hören wir nur eine Frauenstimme aus dem Radio.

STIMME: *„Nachdem wir letztes Mal den Ochsenmaulsalat gemacht haben, wollen wir heute versuchen, den so oft gewünschten Eiersalat herzustellen. Meine Damen, nachdem Sie nun alle Gewürze und sonstige Zutaten um sich versammelt haben, wollen wir mit der eigentlichen Herstellung des Salates beginnen. Wir nehmen vier hartgekochte Eier und schneiden sie feinblättrig. "*

STIMME VOGEL: *„Na, nicht so schnell. "*

RADIOSTIMME: *„ Und bitte denken Sie daran: feinblättrig. "*

VOGEL (wir sehen ihn jetzt, er trägt eine Küchenschürze und einen Schnauzbart): *„Ja, ja, feinblättrig. "*

RADIOSTIMME: *„Und ebensoviel gekochte Kartoffeln... "*

VOGEL: *„Ach, gekocht müssen sie werden! ... "*

RADIOSTIMME: *„ Und zwei Essiggurken in Würfel geschnitten. "*

VOGEL: *„Ja, kleinen Moment!* (er versucht, eine Gurke aus dem Glas zu fischen) *Ich habe nur eine! "*

RADIOSTIMME: *„Dann würzen Sie mit schwarzem Pfeffer. "*

VOGEL: *„Ja, das hab ich!* (er greift in den Salztopf) *Ja, meiner ist ja weiß! "*

RADIOSTIMME: *„Und binden das ganze mit Mayonnaise. "*

VOGEL: *„Danke sehr. – Wieso binden? "*

RADIOSTIMME: *„ Wir können den Salat mit Essig oder Zitronensaft noch pikanter machen. "*

VOGEL (winkt ab): *„Das ist mir bekannt, daß man ihn pikant machen kann. "*

Er schaltet das Radio aus. Eine Nachbarin kommt herein.

NACHBARIN: *„Na, wieder Ärger mit der Kocherei? "*

VOGEL: *„Ja, haben Sie mal 'ne Schnur? "*

NACHBARIN: *„Aber deshalb brauchen Sie sich doch nicht gleich aufzuhängen. "*

VOGEL: „Nein, ich brauch doch'n Eiersalat."
NACHBARIN: „Dazu braucht man doch keine Schnur."
VOGEL: „Doch, doch, diese Radiosprecherin hat gesagt, man muß die
  Mayonnaise binden."
NACHBARIN: „Binden heißt in diesem Fall zusammenhalten."
VOGEL: „Ach, zusammenhalten? Ich bin aber auch wieder ein Dum-
  merchen! – Ja, dann wäre ja mein Salat zu den Würstchen fertig."
Die Nachbarin schreit auf.
VOGEL: „Aber deshalb brauchen Sie doch nicht so zu schreien."
NACHBARIN: „Mein Gott, der Auflauf! Ich hab ja ein Soufflé im Ofen!"
  (rennt raus)

Eiersalat aus der Radiowelle
(für 4 Hausfrauen und -männer)

6–8 hartgekochte Eier,
1 kleingewürfelte
Senfgurke,
2 geschnittene Tomaten lagenweise in eine Salatschüssel geben und
  bereit stellen.

Für die Marinade:

3 EL Öl,
3 EL Essig,
1 Prise Salz,
1 TL Senf,   mit der Gabel verschlagen, bis die Soße sämig
                       ist. Über den vorgerichteten Salat gießen,
                       durchziehen lassen am Schluß mit
Schnittlauch   und
1 EL Salatkräutern   bestreuen.

Soufflé mit Weinbrand
(für Herrn Vogel und Nachbarin)

	Eine Backform einfetten und stehenlassen.
½ Stange Vanille	mit einem scharfen Messer halbieren und sie in
½ l Milch	so lange ausköcheln, bis ihr Mark zerkocht ist
	und die Milch den Farbton von Vanilleeis
	besitzt. Die mitgekochten Schoten werden
	weggeworfen.
125 g Zucker	und das Eigelb von
4 Eiern	in einem Topf verrühren (Eiweiß beiseite
	stellen).
40 g Mehl	hinzugeben und die Masse in die Vanillemilch
	langsam einrühren. Kurz aufkochen lassen und
2 cl Weinbrand	untermischen. Das
Eiweiß	der 4 Eier zu Schnee schlagen, kurz vor dem
	Fertigwerden
1 TL Zucker	untermischen. Das Ganze mit einem Holzlöf-
	fel verbinden und in die gefettete Form geben;
	ca. 10 Minuten bei mittlerer Hitze im vorge-
	heizten Backofen backen.
	Sich während der Backzeit nicht wie die Nach-
	barin von und mit Herrn Vogel verplaudern!

Ohne Krimi geht die Mimi nie ins Bett

Heinz Erhardt als Konsul Keyser. Der Eiernudelfabrikant macht Urlaub in Italien. Dort ergeben sich die kuriosesten Dinge. Und die Eiernudel schwebt immer wie ein Damoklesschwert über allen Häuptern.

Eiernudeln mit „krimineller" Soße
(für 4 Liebhaber italienischer Pasta)

175 g Schweinebacke	klein würfeln und in
2 EL Olivenöl	scharf anbraten. Auf Küchenkrepp entfetten und warm stellen.
6 kleine Tomaten	enthäuten, entkernen, würfeln und zu
1 gewürfelten Zwiebel	und
1 roten Peperoni	in die Pfanne geben, die dort schon im restlichen Fett glasig angedünstet worden sind. Einige Minuten durchziehen, dann salzen. Die warmgestellten Fleischwürfel dazugeben und umrühren. Währenddessen:
500 g Bucatini (kurze, breite Eiernudeln),	in Salzwasser garen, in einer Schüssel mit der Soße anrichten und mit
geriebenem Schafskäse	bestreuen.

Abbildungen

Ausgewählte Filme

Der müde Theodor, 1957 – Produktion: Deutsche Film Hansa
Witwer mit fünf Töchtern, 1957 – Produktion: Deutsche Film Hansa
Immer die Radfahrer, 1958 – Produktion: Wiener Mundus-Film
So ein Millionär hat's schwer, 1958 – Produktion: Öfa-Film
Vater, Mutter und neun Kinder, 1958 – Produktion: Dt. Film Hansa
Der Haus-Tyrann, 1958 – Produktion: Divina Film
Natürlich die Autofahrer, 1959 – Produktion: Deutsche Film Hansa
Drillinge an Bord, 1959 – Produktion: Deutsche Film Hansa
Der letzte Fußgänger, 1960 – Produktion: Deutsche Film Hansa
Mein Mann, das Wirtschaftswunder, 1961 – Produktion: Dt. Film Hansa
Freddy und der Millionär, 1961 – Produktion: Divina Film
Die Post geht ab, 1962 – Produktion: Piran-Film-Telvisions-GmbH
Ohne Krimi geht die Mimi nie ins Bett, 1962 – Produktion: Neue Delta
Der Ölprinz, 1965 – Produktion: Rialto-Film und Jadran Film
Charley's Onkel, 1969 – Produktion: Terra-Filmkunst, Allianz
Eine verrückte Familie, 1969 – Produktion: Studio Film
Die Herren mit der weißen Weste, 1969 – Produktion: Rialto-Film
Das kann doch unsern Willi nicht erschüttern, 1970 –
Produktion: Terra-Filmkunst, Allianz
Unser Willi ist der Beste, 1971 – Produktion: Rialto-Film

Fernsehfilme

Abenteuer in Norfolk (Spectrum-Video)
Der Fachmann (Spectrum-Video)
Eine gewisse Marietta (Spectrum-Video)
Ein ruhiges Stündchen (Spectrum-Video)
Willi Winzig (Spectrum-Video)
Der Kurpfuscher (Spectrum-Video)